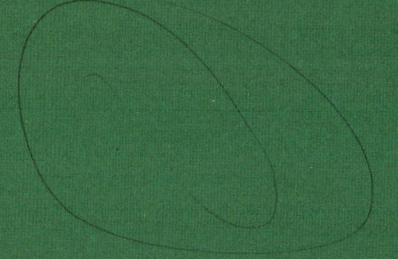

Decorations at Home

Stephanie von Pfuel

Decorations at Home

Ideen und Inspirationen, die Ihr Zuhause verschönern

teNeues

Decorations at Home

Einleitung

„Die schönsten Dekorationen basieren auf dem zeitlosen Charme der einfachen und alltäglichen Dinge."

In meinem ersten Dekorationsbuch „Cool Events at Home" drehte sich alles um Tischdekorationen für Einladungen. Ich liebe es, für meine Gäste und Freunde einen stilvollen Rahmen für schöne Stunden zu bieten. Aber noch viel lieber (und gemessen an meiner Lebenszeit auch sehr viel länger) will ich mit meiner Familie in einem schönen Haus leben.

Tatsächlich brachten mich meine Gäste und Freunde auf die Idee für ein neues Buch. Für „Decorations at Home" habe ich neue Dekorationsideen für Haus und Garten gesucht und bestehende Erfolgsrezepte zusammengetragen. So unterschiedlich meine Ideen sind, haben sie eines gemein: Die Materialien und Requisiten kosten selten viel Geld, die Umsetzung darf nicht zu lange dauern. Und doch sollen die Dekorationsideen das eigene Heim richtig verschönern können. Dafür ein paar Beispiele:

Warum muss Geschenkband nur dazu bestimmt sein, Geschenke zu verpacken? Man kann mit den Bändern schlichte durchsichtige Glasvasen umwickeln. Ein farblich abgestimmter Blumenstrauß dazu – und fertig ist ein völlig neuartiger Blickfang für jeden Raum.

Warum müssen in einem Kerzenständer nur Kerzen stecken? Kerzenständer lassen sich ganz einfach mit den geeigneten Blumen zu einer wunderschönen Blumenvase umfunktionieren. Und geschmückt mit Federn wird aus einem Kerzenständer schnell ein wunderschönes und individuelles Kunstobjekt. Antike Laborständer wiederum, die ich auf dem Trödel gefunden habe, können ungewöhnliche Kerzenständer sein.

Warum rümpfen viele Menschen immer noch missbilligend die Nase, wenn sie Kunstblumen sehen? In der fantasievollen Kombination mit natürlichen Pflanzen können Kunstblumen ganz wunderbar und überhaupt nicht spießig wirken – im Haus wie übrigens auch im Garten.

Geschenkpapier, Kerzenständer, Vasen: Es gibt viele Dinge und Materialien, die sich hervorragend als originelles Dekorationsmaterial zweckentfremden lassen, gerade weil sie ursprünglich für einen anderen Gebrauch bestimmt sind. Auf den folgenden Seiten zeige ich, wie Ihnen dies gelingt – mit alltäglichen Dingen, die nicht eigens gekauft werden müssen. Weil sie ohnehin in den meisten Haushalten schon da sind. Und noch ein Versprechen an Sie, liebe Leserinnen und Leser: Mit meinen „Decorations at Home" verschönern Sie Ihr Zuhause ohne seitenlange Einkaufslisten, ohne Profiwerkzeug, ohne komplizierte Bastelanleitungen und selbst mit einem knappen Zeitbudget.

Die Kapitel dieses Buches habe ich nicht nach speziellen Anlässen oder Jahreszeiten geordnet, sondern nach den Ausgangsmaterialien. Dies ist zum einen meiner Materialverliebtheit geschuldet, zum anderen kann man manche Dekorationen auch dauerhaft belassen.

Für mich wird ein Haus oder eine Wohnung erst dann zum Heim, wenn persönlicher Stil sichtbar wird: beim Mobiliar und mehr noch bei eigenen, fantasievollen Dekorationen. Dieses Buch soll Ihnen dafür Hilfe und Unterstützung sein – und Sie gerne zu eigenen Ideen für „Decorations at Home" inspirieren!

Stephanie von Pfuel

Preface

"The most beautiful decorations are based on the timeless appeal of all things simple and plain."

My first decorating book, "Cool Events at Home," was all about table decorations for parties and entertaining. I love creating a stylish backdrop for special get-togethers with friends and guests. But what I love even more—and expect to spend far more time doing, assuming I live to a ripe old age—is living in a beautiful home with my family.

It was actually those friends and guests who inspired me to write another book. For "Decorations at Home," I combined great new home and garden decorating ideas with tried-and-true recipes for success. As different as my ideas are, they all have two things in common: the craft supplies and materials are inexpensive, and the projects don't take long to complete. But each and every one of them will add real beauty to your home.

Who said you can only use ribbon to wrap Christmas presents? Why not wind it around a simple clear glass vase? Just add a matching flower arrangement, and you've got a bright new burst of color for any room in your home.

Who said you have to put candles in a candleholder? With the right flowers, it's easy to turn candleholders into delightfully exotic vases. Or try decorating them with feathers to create a beautiful "objet d'art" as unique as you are. Antique lab jacks from the flea market, on the other hand, shine in a whole new light as repurposed candleholders.

Why do people still turn their noses up at artificial flowers? When artfully combined with natural plants, artificial flowers look stunning and not at all tacky in both your home and garden.

Wrapping paper, candleholders, vases: many things cry out to be repurposed as creative decorating materials precisely because they were originally intended for something else. On the pages of this book, I'll show you how, using simple, everyday things you probably already have around the house. One more promise, dear readers: "Decorations at Home" will spare you the agony of three-page shopping lists, $500 power tools, and instructions that require a Ph.D. to decipher. Even if you're permanently pressed for time, you can beautify your home simply and cheaply with this book.

I chose to group the chapters of this book by the materials used for each project, not by seasons or holidays. This reflects my fascination (som might even call it an obsession) with materials, but it is also a reminder that many of these decorations are suitable for year-round display.

For me, a house or apartment isn't really a home until it showcases the owner's personal style. Furniture is a good start, but creative and imaginative decorating is even better. This book is a tool to help you find your style—and inspire you to create your very own "Decorations at Home"!

Stephanie von Pfuel

Moose und Farne
Mosses and Ferns

Moose und Farne

Moose und Farne gehören zu den ältesten Pflanzen der Welt. Allein in Mitteleuropa gibt es über 200 verschiedene Arten.

Moose und Farne findet man in jedem Wald. Schon das Sammeln ist jedes Mal ein Erlebnis. Auf kleinstem Raum findet man viele verschiedene Arten und Wuchsformen.

Die Botaniker bezeichnen Moose und Farne als niedere Pflanzen. Das mag wissenschaftlich stimmen. Aber der Begriff wird ihrer Schönheit nicht gerecht.

Ich liebe Farne, mit ihren fedrigen Blättern in verschiedenen Grüntönen sind sie einfach nur schön. Moose sind auf den ersten Blick vielleicht unscheinbar. Aber Moose sind das Grundmaterial und die Basis vieler Dekorationen.

Mosses and Ferns

Mosses and ferns are some of the oldest plants in the world, with over 200 different species in Central Europe alone.

You can find mosses and ferns in any wooded area. Just collecting them is an experience in itself! The smallest spaces come alive with many species growing in a variety of shapes.

Botanists refer to mosses and ferns as "primitive plants." That may be true from a scientific perspective, but it does not do their beauty justice.

I adore ferns. Their feathery leaves in varied hues of green are simply beautiful. Mosses may seem plain and dowdy at first glance, but they are a starting point for many wonderful projects.

Farnwäldchen

Ein Waldspaziergang, ein Steckschwamm und ein Untersetzer – das sind die Zutaten dieser puristischen und zugleich eleganten Dekoration, die zu jedem Stil und in jedes Haus passt.

Für die Dekoration brauche ich zuerst einen Untersetzer für Balkonkästen, der später ganz verschwinden wird. Den Steckschaumziegel halbiere ich in der Höhe und lege die Hälften nebeneinander auf den Untersetzer. Dann stecke ich möglichst lange Farnwedel in den angefeuchteten Steckschaum und verdecke zuletzt mit Moos den Unterbau. Voilá, ein kleines Stück Wald im Zimmer.

Schön kann ich mir auch ein rundes Arrangement auf einem runden Tisch vorstellen.

DAZU BRAUCHT MAN ✳ Farne, Moos, Steckschwamm, Untersetzer

TIPP ✳ Moos und Farne täglich mit fein zerstäubtem Wasser besprühen

Moss and Fern Arrangement

A walk in the woods, floral foam, and a tray—these are the ingredients for this simple yet elegant arrangement that fits in with any décor.

First, you'll need a drip tray for a balcony planter box—but don't worry, you won't even see it when we're done. Cut the block of floral foam to half its original height and lay the two pieces next to each other on the drip tray. Moisten the foam and insert some fern fronds (the longer the better) into the foam. Then cover up the foam and drip tray with moss, and ta-da! You've brought the forest indoors.

A round arrangement would also work beautifully on a round table.

MATERIALS ✳ Fern fronds, moss, floral foam, planter drip tray

FOR BEST RESULTS ✳ Gently mist the moss and ferns daily

Blumenmoos

DAZU BRAUCHT MAN ✳ Moos,
Steckschaumziegel, Untersetzer, Blumen,
Einzelcontainer für Blumen

TIPP ✳ im Wald gesammeltes Moos
1–2 Tage zwischenlagern, damit sich
die Waldtiere entfernen

Auf eine größere Schale oder ein Tablett legt man flach zurechtgeschnittenen Steckschaum. Das Moos darüber ist nun der Rasen, auf dem einzelne Blumen „wachsen".

Die Dahlien werden in kleinen Einzelblumencontainern in den Moosboden gesteckt. Besonders gerne lasse ich die Blumen in geometrischer Ordnung wachsen. Anstatt der Dahlien kann man natürlich viele andere Blumen verwenden – und wer keine rechten Winkel mag, kann die Blumen auch bunt durcheinander und in vielen Steckvarianten pflanzen.

Sind die Blumen verblüht, pflanze ich einfach neue. Das Moos besprühe ich mit etwas Wasser. Dadurch hält es seine frische Farbe und kann lange Zeit als Blumenrasen verwendet werden.

Flowers on a Bed of Moss

TIP ✳ Moss, block of floral foam, tray
or dish, flowers, water picks for flowers

FOR BEST RESULTS ✳ Don't bring
the moss inside your home for 1–2
days after you collect it. This will give
insects time to pack up and leave

Arrange pieces of floral foam that have been cut to size on a large tray or dish and cover with moss. This is the "lawn" on which the flowers will "grow."

Place dahlias in small water picks and insert them into the moss. I like my flowers to "grow" in neat, orderly rows. Of course, you can use many other flowers in place of dahlias—and if you want a more untamed look, try many different colors and varieties planted willy-nilly.

When the flowers wither and die, just plant new ones. I mist the moss to keep it fresh and green for a long-lasting lawn.

Farnbäumchen

Das Farnbäumchen gehört zu meinen Lieblingsdekorationen. Einzelne Farnwedel sehen wie die Äste eines Nadelbaums aus. Daher hatte ich die Idee, die Farn-Äste auf einem kegelförmigen Steckschaum zu einem Baum zu arrangieren. Nach einigen Versuchen habe ich gelernt, dass es am besten aussieht, wenn die Farne dicht und schräg gesteckt werden. Um die Baumform zu erhalten, fange ich unten an und arbeite mich im Kreis nach oben, wobei ich die Wedel immer stärker einkürze.

Als Sockel nehme ich eine Baumscheibe. Dies unterstreicht den natürlichen Charakter der Dekoration, außerdem nimmt die Scheibe das überschüssige Wasser aus dem Steckschaumkegel gut auf. Tatsächlich sieht diese Dekoration aus wie ein stilisierter Tannenbonsai. Genügend befeuchtet hält sich mein Farnbäumchen fast eine Woche.

Die Farne findet man in jedem Wald, den Kegelschwamm in den meisten Blumengroßmärkten. Nur das Stecken erfordert ein bisschen Zeit und Geschick. Dafür ist das Farnbäumchen ein besonderer Blickfang für jeden Raum.

DAZU BRAUCHT MAN ✽ Farne, kegelförmiger Steckschaum, Untersetzer

TIPP ✽ mit fein zerstäubtem Wasser öfters einsprühen, hält länger und sieht frischer aus

Fern Tree

The fern tree is one of my all-time favorite decorations. Each fern frond looks like a branch on a pine tree, which gave me the idea of inserting fronds into a cone-shaped piece of floral foam to create a "tree." With practice, I have discovered that it looks best with lots of closely-spaced fronds inserted at an angle. To preserve the tree shape, I start at the bottom with the longest fronds and work my way up, making the fronds shorter as I go.

I use a section of tree trunk as the base. It underscores the natural origin of the decoration and soaks up any excess moisture from the floral foam. The finished tree really does look like a stylized bonsai pine. With careful misting, my fern tree will last nearly a week.

You can find ferns in any forest, and cone-shaped floral foam is available at craft stores and floral wholesalers. Inserting the fronds takes a little time and skill, but the result is an eye-catching centerpiece for any room.

MATERIALS ✽ Ferns, cone-shaped floral foam, base

FOR BEST RESULTS ✽ Mist the fern tree regularly to help it look fresher and last longer

Moosfee

Bereits seit mehreren Jahren steht diese zugegeben etwas freakige Deko bei mir zu Hause auf einem Fensterbrett. Trotz der langen Zeit sieht meine Moosfee immer frisch und gut aus, sie versteht sich aufs Anti-Aging.

Einen Styroporkopf habe ich mit Goldspray besprüht, für den Kussmund nehme ich Nagellack, die Haare sind aus Moos geklebt. Aufgepeppt wird das Ganze mit Schmetterlingen und Deko-Pilzen.

Moss Fairy

This admittedly somewhat freaky-looking moss fairy has been gracing a windowsill at my house for several years now. Despite her advanced age, she still looks fresh as a daisy—she's clearly getting her beauty rest!

I applied gold spray paint to a styrofoam head and painted the fairy's lips with nail polish. Glued-on moss gives her a lovely head of hair. Butterflies and artificial mushrooms add interest and complete the look.

Orchideen im Glas

Orchideen und andere Topfpflanzen müssen nicht unbedingt in einem Blumentopf wachsen. Auch eine ganz normale, breite und nicht allzu hohe Glasvase oder -schale sieht wunderschön aus.

Bei dieser Dekoration habe ich lediglich kleine Töpfchen mit Calimero-Orchideen in die Glasschale gestellt und die Zwischenräume mit Moos aufgefüllt. Obenauf kommt eine Moosdecke.

Gießen ist kein Problem, das Moos saugt das überschüssige Wasser auf und bleibt dabei frisch und grün, kann sogar wieder anfangen zu wachsen.

Man kann natürlich auch andere Pflanzen oder einzelne Töpfe in eine Glasschale setzen. Das Füllmaterial muss ebenfalls nicht unbedingt Moos sein. Zum Auffüllen der Zwischenräume eignen sich Dekosand, Glassteinchen und vieles mehr.

Orchids in a Glass

Orchids and other potted plants don't have to be confined to a pot. A wide-mouthed, not-too-tall glass vase or dish also looks fantastic.

To get this look, simply place small mini-pots of Calimero (*phalaenopsis*) orchids in your glass dish and fill the spaces in between with moss. Then add a layer of moss all across the top.

Watering is no problem; the moss will soak up any excess moisture and stay fresh and green. It might even start growing again.

Of course, you can also use different plants or place individual pots into a glass dish. And moss is only one possible fill material. You can also try decorative sand, acrylic fillers, or many other options.

Vasen
Vases

Glasrecycling – ganz romantisch

Verschiedene Gläser oder Glasvasen finden sich in jedem Haushalt. Und wenn nicht, kann man sie heutzutage selbst im Supermarkt um die Ecke zu kleinsten Preisen kaufen.

In diesem Kapitel möchte ich zeigen, wie man gewöhnliche Glasbehälter mit wenig Aufwand und für wenig Geld so umgestalten kann, dass sie immer wieder anders erscheinen. Selbst ausgebrannte Glühbirnen bekommen wieder eine neue, ganz besondere Bestimmung ...

The Romantic Way to Recycle Glass

Everyone has a collection of glasses and glass vases at home. And even if you don't, you can buy them for next to nothing at your local market.

   In this section, I'll show you how to give ordinary glass vases and glasses a quick, inexpensive makeover. Even burned-out light bulbs can get a whole new lease on life.

Trinkgläser als Vasen

Gekauft, geerbt oder geschenkt bekommen: Im Laufe der Jahre sammeln sich im Haushalt viele Gläser an. Meist stehen sie ungenutzt im Schrank. Für eine abendlich-festliche Dekoration bekommen sie eine neue und romantische Bestimmung.

Ich verteile dafür viele verschiedene hochstielige Wein- und Sektgläser sowie flache Wassergläser ohne bestimmte Ordnung auf einem großen silbernen Tablett und fülle sie mit Wasser. In einige Gläser lege ich kleine Rosenblüten aus dem Garten. Zwischen den Gläsern lasse ich kleine Würfelkerzen brennen. Das Kerzenlicht spiegelt sich glitzernd und glänzend in den Gläsern – perfekt für ein romantisches Dinner.

Glasses as Vases

Whether you buy them, inherit them, or get them as gifts, drinking glasses tend to pile up in most households over the years. They often sit dusty and unused in the cabinet, but now they can show off their romantic side as a festive nighttime centerpiece.

To get this look, I take a silver tray and put lots of different long-stemmed wine and champagne glasses and some shorter water glasses on it—don't worry about a pattern, just place them wherever you like. I fill the glasses with water and top some of them with small rose flowers from my garden. Finally, I light small square candles and place them between the glasses on the tray. The glasses reflect the candlelight, creating a glowing, sparkling centerpiece—perfect for a romantic dinner.

Folienvase

DAZU BRAUCHT MAN ✻ Glasvase (nicht zu schmal), Lumifol Dekofolie (Dekoladen oder Internet)

Als ich vor einiger Zeit Geschenkpapier suchte, stieß ich auf eine neuartige Verpackungsfolie, die es in vielen Farben, Breiten und Längen gibt. Die Kunststofffolie ist dünn, wasser- und reißfest. Spontan kam mir die Idee, diese Folie als Innenfutter für Glasvasen zu verwenden.

Es ist ganz einfach: Folie in die Vase drücken, Wasser einfüllen, überschüssiges Material abschneiden und den Strauß hineinstellen. Die Folie schmiegt sich eng an das Glas an. So entsteht der Eindruck, als ob die Vase innen mit Glanzlack gestrichen wäre.

Dank der verschiedenen Folien kann man mit einer einzigen Glasvase immer wieder neue optische Akzente setzen. Außerdem sieht man die Blumenstiele nicht, das sich eintrübende Blumenwasser wird ebenfalls kaschiert.

Für die Dekoration auf dem Foto wollte ich Orange pur. Man kann aber auch gut mit Farbkontrasten arbeiten, je nach Lust und Anlass.

Vase with Foil

MATERIALS ✻ Glass vase (not too narrow), Mylar wrap (check your local craft store or buy on the Internet)

While out looking for wrapping paper one day, I stumbled across a new kind of foil wrapping paper that comes in many different colors, lengths and widths. This plastic-based foil is thin, waterproof and tear-resistant, and it suddenly hit me that it would be perfect for lining the inside of vases.

It's so easy: just press the foil into the vase, fill the vase with water, cut off any excess material, and put your bouquet in the vase. The foil clings to the glass, making it look like it just got a coat of glossy paint.

Thanks to the many different foils available, you can give the same glass vase a makeover whenever the mood strikes you. Best of all, the foil hides both the stems of your flowers and the cloudy water they're sitting in.

I wanted wall-to-wall orange for the bouquet in the photo, but you can also get great results with contrasting colors, depending on the occasion and the look you want to achieve.

Folienvasen eignen sich auch für Trockensträuße. In einer kleinen Steilvase mit grüner Folie habe ich getrocknete und gefärbte Hortensien drapiert. Getrocknete Hortensien bleichen in der Sonne leicht aus. Daher empfiehlt sich für diesen Strauß ein halbschattiger Standort.

Foil-lined vases are also nice for dried flowers. I put some dyed dried hydrangeas in a small pedestal vase lined with green foil. Dried hydrangeas will bleach rapidly in the sun, so keep them in a shady spot.

Ton in Ton: Den Strauß aus Nelken und Frauenmantel habe ich mit roter Folie kombiniert. Wer auf eine Kontrastwirkung setzt, kann die roten Blüten mit einer andersfarbigen Folie kombinieren, etwa einem metallisch-satten Grün.

A perfect match: For this bouquet of carnations and lady's mantle, I matched the red foil to the red in the flowers. If you prefer contrast, you could set off the red flowers with something different, like a rich metallic green.

Hängende Glühbirnen

Durchgebrannte Glühbirnen muss man nicht gleich entsorgen. Es gibt viele Möglichkeiten sie, wie hier, weiterzuverwenden.

Die bunten Glühbirnen auf dem Foto habe ich in einem Baumarkt erstanden. In diesem Fall wollte ich sie nicht als Leuchtmittel, sondern gleich als Dekoration verwenden. Daher habe ich mir die Glühbirnen von einem freundlichen Helfer noch im Baumarkt „aufschneiden" lassen und später seitlich kleine Löcher ins Gewinde gebohrt.

Zum Aufhängen in einer Fensternische verwende ich eine dünne, fast unsichtbare Angelschnur. Festgemacht wird das Glühbirnen-Mobile an der Vorhangschiene.

Und dann werden die Glühbirnen zu Vasen: Wasser einfüllen und entweder nur eine Blüte oder auch mehrere Blümchen dazu – fertig!

Hanging Light Bulbs

You don't have to throw away a light bulb the second it burns out. There are many ways to re-use it, such as the project shown here.

I got the light bulbs in the photo at a home improvement store. I intended to use them solely as decorations, not lights, so I had a nice employee cut them open for me on the spot. Later, I drilled small holes in the sides of the screw caps.

I used a thin, almost invisible fishing line to hang them in a window and tied each part of my "light bulb mobile" to the curtain rod.

And here comes the fun part: turning light bulbs into vases. Just fill the bulbs with water and add a single flower or several small ones!

Glühbirnenständer

Glühbirnen eignen sich wunderbar als Vasen. Sie haben nur einen Nachteil: Das Glas ist rund. Aber es gibt Tricks, eine Glühbirne standfest zu machen. Zum Beispiel, indem man einen Kerzenständer zum Glühbirnenständer umfunktioniert. Kerzenleuchter kann man wunderbar zweckentfremden, in einem anderen Kapitel zeige ich weitere Beispiele.

Für diese Dekoration braucht man lediglich eine aufgeschnittene, große Glühbirne und einen Kerzenständer ohne Dorn und dafür mit einer etwas breiteren Auflage. Stichwort Kerzenständer: Mit ein paar Tropfen Kerzenwachs kann man die Glühbirne fest und doch leicht lösbar mit dem Kerzenständer verbinden.

Ich habe aus dem Garten einen Rittersporn gewählt, weil die Blüte eine hohe Form hat und von der Proportion gut mit dem Kerzenständer harmoniert. Man kann natürlich mehrere unterschiedliche Kerzenständer, auch mit kleinen Glühbirnen, kombinieren. Diese Deko wirkt schon fast wie ein Kunstwerk.

Light Bulb on a Candleholder

Light bulbs make wonderful vases. There's only one problem: the bulb is round. But you can get around this by making a candleholder into a light bulb holder! Candleholders can be turned into all sorts of other things. I'll show you some more examples in a later chapter.

All you need for this project is a large light bulb with the bottom removed and a wide-mouthed candleholder without a pricket (spike). And while we're talking about candleholders, a few drops of warm wax will attach the light bulb firmly to the candlestick while still permitting easy removal.

I picked some larkspur from my garden because the blossoms are tall and nicely proportioned to match the candleholder. You can also combine several different candlesticks or use smaller light bulbs. This decoration is practically a work of art!

Glühbirnenwald

Glühbirnen bleiben nur stehen, wenn man sie fixiert. Mein „Ei des Kolumbus" für diese Dekoration war Klebstoff. Die 16 Glühbirnen habe ich seitlich aneinandergeklebt, sodass ein stabiles Quadrat entstand.

Das Blumenwasser färbe ich mit Lebensmittelfarbe grün ein. Lebensmittelfarbe kann man in jedem größeren Supermarkt in vielen Farben kaufen, sie ist völlig ungiftig. Als Blumen habe ich Bartnelken gewählt, sie sind lange haltbar und haben große, volle und runde Blüten. Ich habe den Stiel so gekürzt, dass die Blüte direkt auf dem Gewinde aufliegt. Damit gleichen sich die Blüten wie ein Ei dem anderen, zusammen mit dem Glühbirnen-Quadrat ergibt sich ein schöner geometrischer Effekt.

Die Farbe des Wassers kann sich nach der Blumenfarbe richten, aber auch damit kontrastieren, der Phantasie sind hier keine Grenzen gesetzt. Doppelt schön wird diese Dekoration, wenn man sie auf einen Spiegel stellt.

DAZU BRAUCHT MAN ✻ Glühbirnen, Kleber, Lebensmittelfarbe, Bartnelken

TIPP ✻ am Besten hält Sekundenkleber, nicht Glaskleber

Light Bulb Forest

Light bulbs won't remain upright without outside help. My brilliant solution to this problem? Glue. I glued the sides of each light bulb to its neighbors to create a stable square shape.

I used green food coloring to dye the water inside the light bulbs. You can buy food coloring in every shade of the rainbow at your local supermarket, and it is completely harmless and non-toxic. I chose dianthus for this project because they last a long time as cut flowers and have a large, full, round shape. I cut the stems so each flower would lie directly on the cap. The flowers look identical, like peas in a pod; combined with the square of light bulbs, this creates a lovely geometric effect.

You can dye the water to match or contrast with the flowers you use —let your imagination run wild! Make your finished "forest" doubly beautiful by placing it on a mirror.

MATERIALS ✻ Light bulbs, glue, food coloring, dianthus

FOR BEST RESULTS ✻ Use super glue (instant glue), not glass adhesive

Stehlampenvase

Vor einigen Jahren habe ich auf einer Messe eine ungewöhnliche Stehlampe gekauft: Aus einem Aluminiumrohr ragen mehrere Halogenlämpchen und Aluminiumdrähte, an deren Ende bunte Glühbirnenattrappen eingeschraubt sind.

So ein Objekt lässt sich leicht nachbauen. Und: Man braucht es erst gar nicht zu elektrifizieren. Selbst ohne Lichtquelle ist die Stehlampenvase ein absoluter Hingucker.

Zusätzlich zu den bunten Attrappen habe ich weitere ausgehöhlte Glühbirnen an den Drähten festgemacht. Das Blumenwasser in den Birnen färbe ich wieder mit Lebensmittelfarbe bunt ein. Dekoriert werden die Glühbirnen mit kleinen, farbenfrohen Blumensträußchen.

Der Bau des Grundgestells ist wirklich einfach, bedeutet aber ein wenig Aufwand. Der sich lohnt! Man schafft sich damit ein modernes Kleinkunstwerk, das übrigens auch ohne Blumenarrangement jeden Raum schmückt.

DAZU BRAUCHT MAN ✳ Alu- oder Stahlrohr, Bodenplatte, Aluminium- Dekodraht , bunte Glühbirnen, durchsichtige Glühbirnen, Lebensmittelfarben, kleine Blümchen

Lamp/Vase Combination

A few years ago, I bought a very unusual lamp at a trade show. Several small halogen lights and aluminum wires ending in colorful fake light bulbs extend out of a central aluminum tube.

It's a snap to build your own version of this lamp. Don't worry about wiring it for electricity. Even without a functioning light source, this combination lamp/vase is a wonder to behold.

Along with the colorful "fakes," I attached some more hollowed-out light bulbs to the wires. Once again, I used food coloring to dye the water in the delicate light bulb vases. For a final flourish, decorate the light bulbs with colorful mini-bouquets.

The base is easy to build. It takes a little time, but it's well worth the effort! You're creating a piece of modern art that will beautify any room, even without flowers.

MATERIALS ✳ Aluminum or steel pipe, aluminum decorating wire, various colors of light bulbs, clear light bulbs, food coloring, small flowers

Eis- und Schneevase

Der Zuckerrand an Cocktailgläsern, ganz typisch für den Gin Fizz, erinnert mich immer an Eis und hat mich auf die Idee für eine Weihnachtsdekoration gebracht.

Man braucht hierzu lediglich ein schmuckloses, walzenförmiges Glas, einen Pinsel, Eiweiß und Kristallzucker. Der Pinsel wird mit dem Eiweiß getränkt und außen gegen die Glaswand gepresst. Jetzt läuft das Eiweiß in schmalen Schlieren nach unten. Noch feucht wälzt man die Vase in Kristallzucker und lässt das Ganze trocknen. Die Winter-Illusion ist perfekt!

Eigentlich genügt es, eine Kerze in die Eisvase zu stellen. Für diese Deko aber stelle ich zwei Gläser ineinander und fülle den Zwischenraum mit künstlichem Schnee und Fichtenzweigen. So lässt sich im inneren Glas ohne Brandgefahr eine Kerze entzünden.

DAZU BRAUCHT MAN ✳ Kristall-zucker, Eiweiß, Pinsel, Glasvase, Kerze, Kunstschnee und Fichtenzweige

MATERIALS ✳ Granulated sugar, egg whites, paintbrush, glass vase, candle, artificial snow and spruce sprigs

Ice and Snow Vase

The ring of sugar around the top of a cocktail glass, like you might see on a gin fizz, always makes me think of ice. It gave me the inspiration for a wintry Christmas decoration.

All you need is a plain cylindrical glass, a paintbrush, egg whites, and granulated sugar. Dip the paintbrush into your egg whites and press it against the outside of the glass. The egg whites will run down the side of the glass in narrow streaks. Immediately roll the glass in the sugar while the egg whites are still wet. Then set it aside to dry for a perfect wintry illusion!

A candle is all you really need to put inside the glass, but I like to use two glasses, one inside the other, and fill the outside space with artificial snow and spruce sprigs. This way, you can light a candle in the inside glass without creating a fire hazard.

Brennendes Wasser

Wie kann eine Kerze im Wasser brennen? Es geht ganz einfach: drei Glasvasen ineinander stellen und mit Nahrungsmittelfarbe gefärbtes Wasser in den äußeren und mittleren Zwischenraum füllen. Im innersten Glas steht zuletzt die Kerze.

Die beiden inneren Gläser sollten möglichst dickwandig und schwer sein, damit sie nicht anfangen zu schwimmen und umkippen.

Es sieht schöner aus, wenn das Wasser im äußeren Ring, hier in Gelb, höher steht als im inneren Ring, hier blau gefärbt. Das Blau erscheint allerdings durch die Mischung mit dem Gelb des äußeren Wasserrings optisch als Türkis.

Brennendes Wasser – eine ungewöhnliche Möglichkeit, mit schlichten Glasvasen eine schöne und moderne Dekoration zu schaffen.

Burning Water

How can a candle burn underwater? Actually, it's pretty simple: put three glass vases inside each other and fill the spaces between the outer two vases with water dyed with food coloring. Put the candle inside the innermost vase.

The two inner vases should be as heavy and thick-walled as possible so they don't float and tip over.

It looks nicer if the water in the outer ring (dyed yellow in the photo) is higher than the water in the inner ring (dyed blue). The blue actually looks turquoise because it is tinted by the yellow in the outer ring.

Burning water—it's an unusual way to turn plain glass vases into a beautiful and sophisticated decoration.

Gartenkugelvasen

Bunte Rosenkugeln auf langen Holzstäben gibt es im Gartenmarkt in vielen Farben und Größen.

Man kann sie aber auch ganz anders verwenden, nämlich als Blumenvase. Das geht ganz einfach: Gartenkugel umdrehen, Wasser einfüllen und Blumen hineinstellen, in diesem Falle Schleierkraut.

In dieser Vase wird das Schleierkraut, sonst nur Beiwerk, zum Star! Schleierkraut hat noch weitere Vorzüge: es ist lange haltbar und hat dünne Stiele, die gut durch den schmalen Hals der Gartenkugel passen.

Und wie wird die runde Kugel sicher fixiert? Der ganze Trick heißt Doppelklebeband!

Garden Glass Orb Vases

You can buy glass orbs on long wooden stakes in many different colors and sizes at your local garden or landscaping center.

But you can also use them for an entirely different purpose: as flower vases. All you have to do is flip the orb around, fill it with water, and put in some flowers. I've used baby's breath here.

In this vase, baby's breath, which is usually just a bit player in a bouquet, becomes the main attraction! It has many other advantages as well: it stays beautiful for a long time and has thin stems that fit easily through the narrow neck of the glass orb.

And how do I keep the orb from tipping over, you ask? My secret weapon is double-sided tape!

Weihnachtskugelvasen

Warum müssen Weihnachtskugeln immer an einem Baum hängen? Die eingespreizte Aufhängevorrichtung zieht man einfach ab. Wasser einfüllen, Blume dazu – fertig ist die Miniaturvase!

Falls man die Kugeln einzeln aufstellen möchte, muss man sie auf der Unterseite lediglich mit Doppelklebeband fixieren, damit sie nicht kippen können. Auf einer Unterlage aus Fichtenzweigen, wie auf dem Foto dargestellt, ist nicht einmal das nötig. Am besten eignen sich übrigens die ganz billigen Plastikkugeln – die sind unkaputtbar!

Zu Weihnachten finde ich die Blüten von Weihnachtssternen am schönsten.

Christmas Ornament Vases

Who says you have to hang Christmas ornaments on your Christmas tree? All you have to do is pull out the cap, add water, insert a flower, and ho ho ho, you have a miniature vase!

If you want to display ornaments individually, be sure to put double-sided tape on the bottom so they won't tip over. If you place them on a bed of spruce branches as shown in the photo, you can even skip the tape. I strongly recommend the inexpensive plastic ornaments—they're shatterproof!

Poinsettias are perfect at Christmastime.

Geschenkbänder
Ribbons

Geschenketisch

Ein ganzer Tisch als riesiger Geschenkkarton verkleidet – eine ideale Dekoration für Geburtstage, Weihnachten oder andere Feierlichkeiten!

Auf einen viereckigen Tisch legt man eine Tischdecke, die auf allen Seiten bis zum Boden reicht. Überschüssiger Stoff wird einfach unter den Tisch geschlagen.

Mithilfe von Stecknadeln drapiert man die Seitenbahnen so, dass ein exakter Quader entsteht, der Tisch wird ein übergroßes Geschenk. Dann drapiert man in der Tischmitte überbreites Geschenkband, die große Schleife darf natürlich nicht fehlen.

Um den Eindruck des Geschenks nochmals zu steigern, kann man als Tischdecke ein strapazierfähiges Geschenkpapier – oder besser noch – überbreite Dekofolie verwenden. Dann glaubt man, tatsächlich vor einem riesigen Geschenk zu sitzen.

Gift-Wrapped Table

Turn a whole table into a huge gift box—this is a great way to celebrate a birthday, Christmas, or other festive, occasions!

Place a tablecloth that extends to the ground on all four sides on a square or rectangular table. Simply fold any extra material under.

Use pins to drape the sides of the tablecloth so they create a precise box shape, turning the table into an oversize present. Run a broad ribbon across the length and width of the table, and don't forget the oversize bow in the center!

To create an even stronger impression of a gift box, try using some sturdy, heavy-duty wrapping paper as your tablecloth—or even better, an oversized roll of decorative foil. Then your guests will truly feel like they're sitting in front of an enormous gift!

Geschenkbandvase

TIPP ✷ Je breiter das Band, desto einfacher zu wickeln

Geschenkbänder gibt es in den vielfältigsten Farben, Breiten und Materialien. Viel zu schön und zu schade, um damit „nur" Geschenke zu verpacken.

In verschiedensten Farben kann man Geschenkbänder mit Blumensträußen kombinieren. Hierzu braucht man nur eine einfache Glasvase, ganz gleich in welcher Form. Mit Klebeband fixiert man den Anfang an der Unterseite der Vase und wickelt dann, möglichst in gleichen Abständen, die Vase ein. Oben angekommen, wird das Bandende abermals festgeklebt.

Schon hat ein einfaches Geschenkband eine Glasvase in ein optisches Highlight verwandelt. Auf dem Foto: Schleierkraut und Margeriten, ganz in Weiß mit einem Blumenstrauß ...

Ribbon Vase

FOR BEST RESULTS ✷ The wider the ribbon, the easier it is to wrap the vase

These days, you can get ribbon in every imaginable color, width and material. It's much too pretty to "save" for wrapping gifts.

You can match a whole rainbow of ribbon colors to bouquets of flowers. All you need is a simple glass vase—any shape and size will do. Tape the end of the ribbon on the bottom of the vase and wrap the vase from bottom to top. Try to maintain the same amount of overlap from one wrap to the next. Once you get to the top of the vase, tape the other end of the ribbon.

Simple ribbon is all you need to transform a glass vase into a head-turning highlight. The photo shows daisies and baby's breath, all in white with a fetching bouquet.

Geschenkbandvase mit Gartenblumen
Für ein wunderschönes Blumenarrangement muss man kein Geld ausgeben – je nach Jahreszeit blühen im Garten die schönsten Blumen. Für das Foto habe ich Polyantha-Rosen mit Lavendel kombiniert und die Vase mit rosa Geschenkband umwickelt.

Ribbon vase with flowers from your garden
You don't have to go out and spend a lot of money to get a beautiful flower arrangement; there are gorgeous flowers blooming in your garden for most of the year. For the arrangement in this photo, I paired polyantha roses with lavender and wrapped the vase in pink ribbon.

Grüner Wickelleuchter

Nicht nur Vasen, auch Kerzenleuchter kann man mit Geschenkband umwickeln und ihnen dadurch eine völlig andere Optik geben.

Oft wirken Silberkerzenleuchter sehr traditionell – für manche Charaktere zu traditionell und womöglich etwas steif. Durch die Verwandlung mit Geschenkbändern oder Efeu sehen Kerzenleuchter frisch und modern aus.

Zeit und Arbeit spart man sich, wenn man beim Umwickeln ein möglichst breites Geschenkband wählt. Bei zu schmalen Bändern entstehen speziell an den Krümmungen der Leuchterarme unschöne Lücken, an denen das Silber durchschaut.

Die reine Stoffdeko ist dauerhaft, man spart sich damit sogar das lästige Putzen des Silbers. Anders die Deko mit frischem Efeu, der sich auch ohne Wasserversorgung etwa zwei Tage hält. Andere Pflanzenranken können einen Leuchter ebenfalls umschlingen, genauso wie Ketten oder Schnüre.

Green Candelabra

Ribbon is good for more than vases. You can also wrap it around candelabras for an instant makeover.

Silver candelabras tend to look very traditional—perhaps a bit too traditional or even stuffy. Transforming them with ribbon or ivy gives them a fresh, modern update.

Save time and energy by using as wide a ribbon as possible to wrap your candelabra. A narrow ribbon creates unattractive gaps at the curves and lets the silver show through.

You can leave ribbon on forever if you like (hurrah, no more polishing)! However, if you use fresh ivy, it will only last about two days without water. You can wrap other climbing plants around a candelabra—or how about necklaces or twine?

Orangefarbener Wickelleuchter

Bei dieser Variante des Wickelleuchters habe ich zum Geschenkband in Orange getrocknete und ebenfalls orange gefärbte Hortensien in den mittleren Kerzenhalter und um den Fuß des Leuchters drapiert.

Durch diese eine Farbe wirkt die Dekoration angenehm ruhig. Spannung und Abwechslung bietet allein der Materialmix.

Orange Candelabra

For this variation on the candelabra, I used orange ribbon and dyed dried hydrangeas to match, and placed them in the middle candleholder and around the foot of the candelabra.

Using orange throughout keeps the decoration calm and subdued. It's the mix of materials that provides the verve and variety here.

Zweifarbiger Wickelleuchter

Bei dieser poppigen Farbkombination aus Gelb und Grün lege ich jeweils eine große, grün eingefärbte Hortensie auf die Kerzenteller des mehrarmigen Lüsters.

Fixiert werden die Hortensienblüten allein durch das Einstecken der Kerzen, die Blüten dienen dabei als originelle Wachsfänger. Man kann natürlich auch vorgefertigte Kränzchen und Ähnliches verwenden.

Two-Color Wrapped Candelabra

I created this snappy combination of yellow and green by placing a large green-dyed hydrangea on the base of each candleholder in this candelabra.

I simply insert the candles to keep the hydrangeas in place. The flowers also act as creative wax drip catchers. Of course, pre-made wreaths and similar materials would work here as well.

Kunstblumen
Artificial Flowers

Die Rückkehr der Kunstblume

Bis vor einigen Jahren war es ein Tabu, künstliche Blumen für Dekorationen einzusetzen. Schon auf den ersten Blick konnte man erkennen, ob eine Blume aus dem Garten oder aus der Fabrik stammte.

Heutzutage ist die Qualität der meisten Kunstblumen so gut, dass man auch beim zweiten Hinsehen keinen Unterschied mehr zwischen Kunst und Natur erkennen kann. Lediglich durch einen Griff an die Blumen lässt sich dies ertasten.

Die Kunstblumen haben den unschätzbaren Vorteil, dass sie nicht verblühen und jahrelang verwendbar sind. Auf den folgenden Seiten zeige ich, wie man Kunstblumen nicht nur als Strauß in einer Vase, sondern in vielen anderen Bereichen zur Dekoration einsetzen kann.

Artificial Flowers Make a Comeback

Until quite recently, there was an unwritten rule that you never used artificial flowers for decoration. People could see in an instant whether a flower came from the garden or the factory.

But today, the quality of most artificial flowers is so good that even a second or third glance can't distinguish a real flower from its artificial cousin. You have to actually touch the flower to know for sure.

Artificial flowers have one supreme advantage: they don't wilt. You can use and enjoy them for years. In this section, I'll take you beyond putting artificial flowers in vases and show you many other ways to decorate with them.

Efeurosen

Immergrüne Pflanzen haben, wie der Name schon ausdrückt, das ganze Jahr grüne Blätter. Deshalb eignen sie sich, wie hier zum Beispiel Efeu, besonders gut zur Begrünung von sonst kahlen Stellen und Wänden. Die meisten Immergrünen blühen allerdings recht unauffällig. Eine durchgehend grüne Fläche kann eintönig wirken.

In die mit Efeu bewachsene Brunnenwand habe ich zur optischen Auflockerung Kunstrosen gesteckt, die selbst nach mehreren Jahren Sonne, Regen und Schnee keinen Schaden genommen haben. Es sieht tatsächlich so aus, als ob im Efeu die schönsten Rosen blühen!

Ivy Roses

As the name says, evergreen plants remain green all year round. That's why plants like the ivy shown in the photo are wonderful for "greening up" areas and walls that would otherwise remain bare. However, most evergreens have very plain and unassuming flowers. A solid block of green can be very monotonous.

To visually break up the ivy wall around this fountain, I dotted it with roses. Even after years of exposure to sun, rain, and snow, the roses still look new. It really does look like the most beautiful roses bloom in ivy!

Efeu-Blauregen

Eine mit Efeu begrünte Wand ist schön und wirkt lebendiger als eine kahle Fläche. Im Sommer allerdings finde ich es noch ansprechender, wenn an ausgesuchten Stellen, zum Beispiel über einer Tür, Kunstblumen das einfarbige Grün unterbrechen und farbige Akzente setzen.

Beim Blumenschmuck sollte man versuchen, farblich auf die Umgebung abgestimmte Arten zu verwenden. Auch die Auswahl der Blumenart sollte nicht allzu exotisch sein. Beachtet man diese Kleinigkeiten, wird niemand merken, dass es sich um Kunstblumen handelt.

Ivy and Wisteria

A wall resplendent with green ivy is pretty and much more inviting than a bare surface. But in summer, it looks even lovelier if I break up the endless green with some colorful accents at special spots, such as over the gate or doorway.

When adding artificial flowers as decorative accents, try to match the colors with the surrounding plants. And don't choose anything too exotic—it will look out of place. Just follow these simple rules, and no one will ever know you're using artificial flowers!

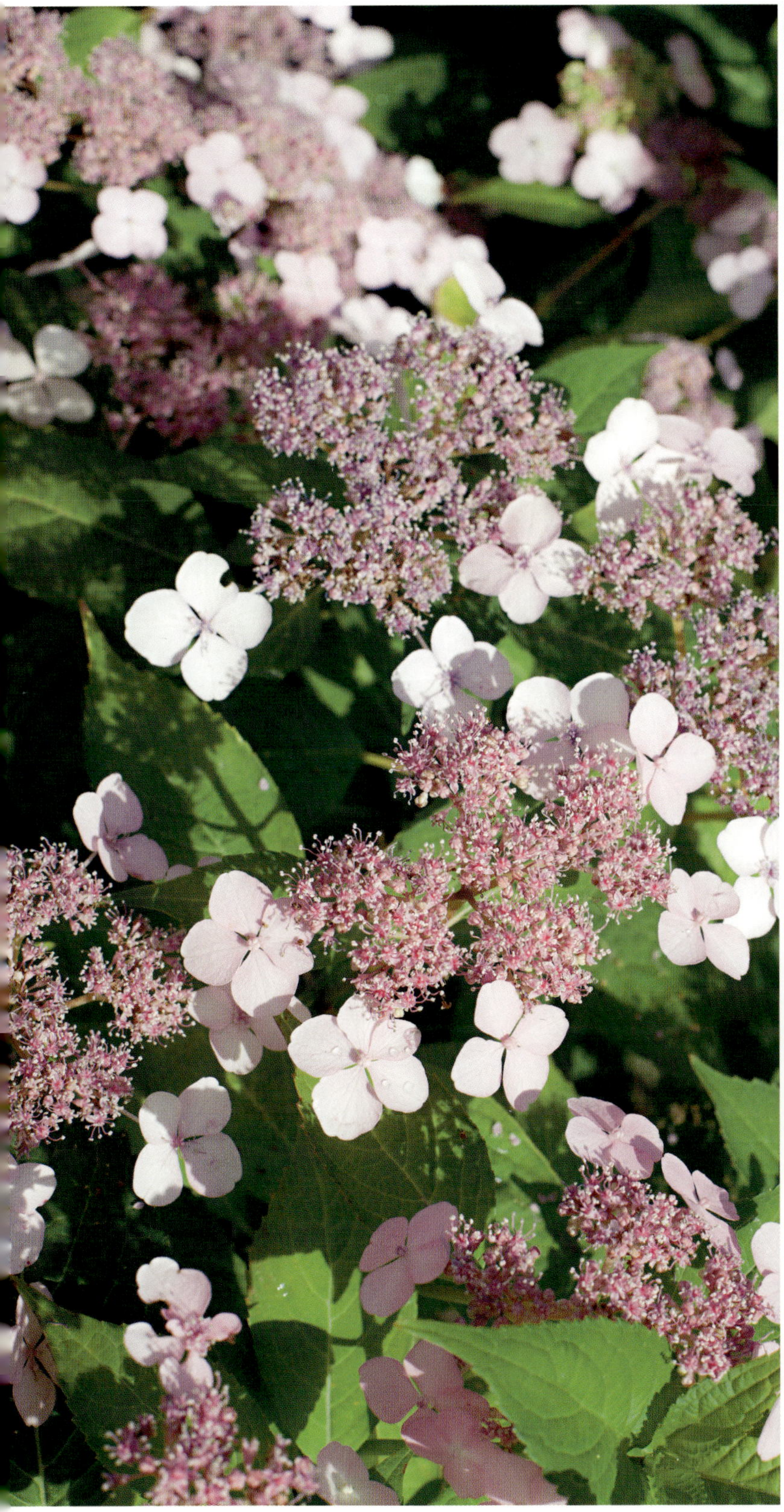
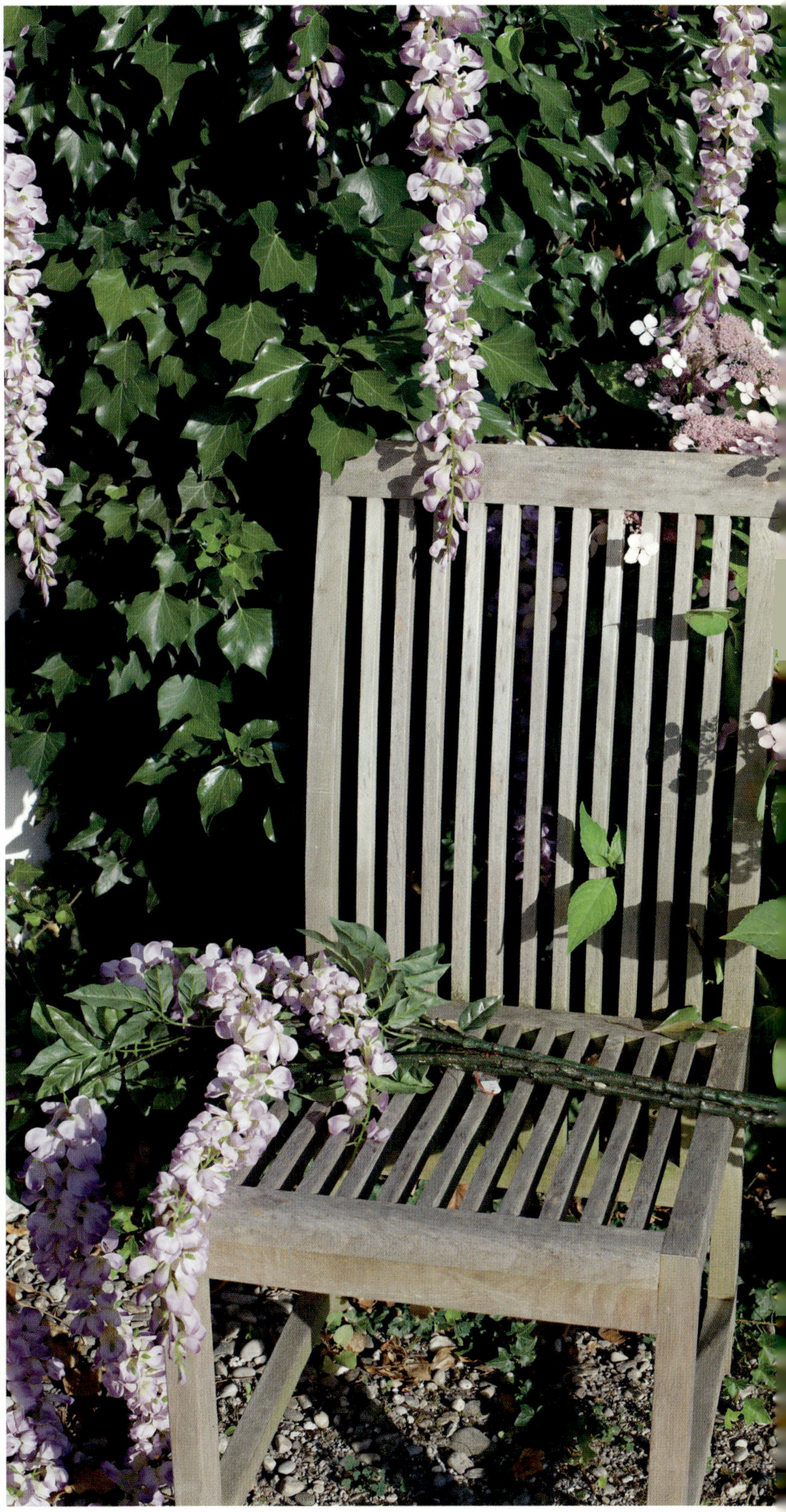

Dauerpfingstrosen

Viele heimische Blütenpflanzen blühen wunderschön. Aber viel zu kurz. Den Rest des Jahres sieht man nur noch die etwas langweiligen grünen Blätter im Garten.

Dem lässt sich aber leicht abhelfen: mit Kunstblumen! Sind meine echten Pfingstrosen verblüht, schneide ich sie ab und „pflanze" anschließend, einer natürlichen Verteilung ähnlich, künstliche ein. Der vorher grüne Blätterbusch ist erneut täuschend echt aufgeblüht – kein Mensch wird das je bemerken!

Im Herbst ziehe ich die Blumen wieder aus der Erde und verstaue sie, bis zum Wiedersehen im nächsten Jahr.

Permanent Peonies

Many of our native flowering plants are stunning when they're in bloom—for a few days. The rest of the year, we have to content ourselves with boring green foliage.

But there's an easy solution to this problem: artificial flowers! Once my "real" peonies are done blooming, I prune them back and "plant" artificial ones in a natural-looking pattern. The formerly green bush has burst convincingly back into bloom—and no one will ever be the wiser!

In the fall, I remove the artificial flowers and put them away so they can repeat the magic next year.

Eingepflanzte Kunstrosen

Hier sind die Frühlingsblumen bereits verblüht. Dort ist ein Rosenbusch eingegangen. Die Erde wirkt dann traurig, wie ein Loch.

Finde ich solche Stellen im Garten und ist nicht gerade Pflanzzeit, grabe ich einfach künstliche Topfpflanzen in die Erde. Das fällt niemandem auf und sieht in der Umgebung echter Pflanzen täuschend echt aus. Außerdem werden meine Kunstblumen nie von gefräßigen Insekten oder Mehltau befallen und blühen ständig.

Potted Artificial Roses

The spring flowers have come and gone. The rose bush over there died. The soil looks bleak and sad, like a big hole.

If I see spots like this in my garden outside of planting season, I put artificial potted plants there. Surrounded by real plants, the artificial ones look surprisingly lifelike. Even better, my artificial flowers never fall victim to hungry insects or mildew, and they're always in bloom.

Buchsbaum-Gerbera

Buchsbäume sind immergrüne Pflanzen mit unauffälligen Blüten. Außerdem werden sie schon vor der Blüte in dekorative Formen geschnitten.

Damit auch Buchsbäume ganzjährig erblühen, kann man mit ein paar Kunstblumen nachhelfen. Man sollte allerdings flache Blüten nehmen, die sich der Form des Buchsbaumes anpassen. Gerbera zum Beispiel eignen sich dafür perfekt.

Für meinen Kugelbuchs im Terracotta-Topf habe ich orange Gerbera genommen, weil das farblich am besten harmoniert.

Zu besonderen Anlässen kann man auch echte Blumen in kleinen Einzelbehältern zwischen die Blätter stecken.

Boxwood-Gerbera Tree

Boxwoods are evergreens with small, unassuming flowers. They are often trimmed into decorative shapes before they bloom.

With a few artificial flowers, you can make your boxwood bloom all year round! You should use flat flowers that will take on the shape of the boxwood. Gerbera daisies are a perfect choice here.

For my lollipop boxwood in a terracotta pot, I chose orange gerbera daisies as the best color match.

For special occasions, you can also put real flowers in water picks and place them between the leaves of the boxwood.

Kunstblumen und Naturäste

Künstliche Blumen und grüne Äste aus der Natur kann man wunderschön und in vielen Varianten als Blumenstrauß miteinander mischen.

Für den Blumenstrauß auf dem Foto arrangiere ich ungefähr 15 Kunstrosen und obstbehangene Äste eines Mirabellenbaums zusammen in einer Vase.

Der Mirabellenzweig ist nur eine unter vielen Möglichkeiten. Über das Jahr kann man immer wieder Äste und Zweige verschiedener Bäume mit den immer gleichen Blumen kombinieren. Sogar die Kombination aus Fichten- und Tannenzweigen und Kunstblumen sieht im Winter großartig aus.

Artificial Flowers and Natural Tree Branches

You can mix and match many different combinations of artificial flowers and green branches from outdoor trees to create glorious arrangements.

To create the bouquet shown in the photo, I arranged about 15 artificial roses and mirabelle prune branches laden with fruit in a vase.

Mirabelle prune branches are just one option. As the seasons change, you can take branches from different trees and combine them with the same flowers. In winter, you can even pair spruce and fir branches with artificial flowers for a beautiful display.

Kerzenleuchter
Candleholder

Kerzenleuchter mit Straußeneiern

Seit es Computer gibt, werden kaum mehr Schreibmaschinen hergestellt. Dem Kerzenleuchter aber konnte das elektrische Licht nichts anhaben. Kerzenleuchter gibt es in jedem Möbelhaus – und auch der Bummel über den Trödelmarkt lohnt sich. Früher wurden Silberleuchter massenhaft produziert. Heute kosten die antiken Stücke oft kaum mehr als den schieren Materialpreis!

Kerzenleuchter gibt es in vielen verschiedenen Formen: ein- und mehrarmige, hohe und niedrige, welche aus edlem Silber und andere aus Messing. Oft stehen die Leuchter als Dekoration im Raum, ohne dass je die Kerzen brennen. Schade eigentlich, ich mag Kerzenlicht. Fast noch mehr gefällt mir, wenn ich Kerzenleuchter verändern und umgestalten kann.

Alles, was man braucht, ist ein wenig Fantasie. Kosten und Aufwand kann man sich getrost schenken. Bei dem großen und hohen Bodenleuchter auf der nebenstehenden Fotografie habe ich einfach die Kerzen durch Straußeneier ersetzt und mittig ein kleines Federgesteck gebastelt.

Candelabra with Ostrich Eggs

Now that everyone has a computer, typewriters are hardly being manufactured anymore. But electrical lighting has hardly made a dent in sales of candleholders and candelabras. You can buy a candelabra at any home furnishings store—or at many flea markets. Silver candelabras were once produced in massive quantities. Today, an antique candelabra often sells for little more than the price of the silver it's made from!

Candleholders come in many different shapes and sizes: single candleholders and candelabras, tall ones and short ones, silver ones and brass ones. Many candleholders serve solely as decorations and never have their candles lit. Which is really too bad—I love candlelight. But I love it almost as much when I can give candleholders and candelabras a makeover.

All you need is a little imagination. Don't feel bad about not spending a lot of time and money. For the large pedestal candelabra on the photo at left, I simply replaced the candles with ostrich eggs and grouped some feathers together in the middle.

Levkojenleuchter

Für diese Dekoration ersetze ich die Kerzen eines alten Silberleuchters durch weiß blühende Levkojen. In die Vertiefungen, in die normalerweise die Kerzen kommen, drücke ich kleine Steckschwämme. Damit bekommen die Blumen Halt und können mit Wasser versorgt werden. Weil das Fassungsvermögen dieser Miniaturvasen klein ist, sollte man täglich etwas Wasser nachgießen. So bleiben die Blumen lange frisch.

Levkojen gibt es in vielen verschiedenen Farben. Durch ihre langgestreckte und volle Blüte sind Levkojen besonders schöne florale „Ersatzkerzen". Aber auch andere Blumen eignen sich dafür gut. Allgemein gilt: Am besten sehen die langen und schmalen Blütenstände aus.

Damit das Arrangement nicht zu förmlich wirkt, sorge ich gerne mit unkonventionellen Accessoires wie der Totenkopf-Kerze für einen Stilbruch. Ist der Anlass festlich, verschwindet das wächserne Vanitas-Symbol natürlich in der Schublade.

Garden Stock Candelabra

For this project, I replace the candles in an old silver candelabra with blooming white stock. I press little pieces of floral foam into the recesses where the candles would normally go. This helps secure the flowers and gives them a way to get water. Because these miniature vases are very small indeed, you should add water to them every day. This keeps the flowers fresh for a long time.

Stock comes in many different colors. Its long, full blossoms make it a particularly beautiful "substitute candle." However, other flowers can work well too. In general, choose long, narrow flowers for the best look.

To keep the arrangement from looking overly formal, I like to place unconventional accessories like the skull candle next to it to shake things up. Of course, the wax symbol of vanitas gets put in a drawer before festive occasions.

Blumenleuchter

DAZU BRAUCHT MAN ✳ Kerzenleuchter, halbrunde und kleine Steckschwämme, Doppelklebeband, kleinblühende Blumen

Bei meinem Levkojenleuchter ersetzt eine einzelne Blüte eine Kerze. Man kann aber auch Blumengestecke auf Kerzenständern arrangieren.

Für das Gesteck werden die Blumen dicht auf halbrunde Steckschwämme gesteckt. Fixiert wird der Blumenschmuck mit Klebeband.

Je nach Belieben kann das Gesteck größer oder kleiner ausfallen. Für meine marokkanischen Kerzenständer verwende ich kleine Gestecke.

Ein kleiner Tipp: Hat man mehrere ähnliche Kerzenständer, braucht nicht jeder Blumenschmuck zu tragen. Oft sieht es schöner aus, wenn manche Ständer, gemäß ihrer üblichen Bestimmung, Kerzen tragen – oder auch leer bleiben.

Flower Arrangement on Candleholder

MATERIALS ✳ Candleholders, circular and small pieces of floral foam, double-sided tape, flowers with small blossoms

In my stock candleholder, each individual flower replaces a candle, but you can also place small arrangements in the recess for the candle.

Place flowers close together on circular pieces of floral foam. Use tape to secure the arrangements.

You can make the arrangements a bit larger or smaller as you see fit. I use small arrangements for my Moroccan candleholders.

One small tip: If you have several similar candleholders, you don't have to put flowers in all of them. It often looks nicer if some display candles as originally intended—or nothing at all.

Blumenleuchter als Dauerbrenner

Es müssen nicht echte Blumen sein, die man als Kerzenersatz verwendet. Auch künstliche Blumen eignen sich dafür hervorragend – zumal sie unbegrenzt haltbar sind.

Auf zwei unterschiedlich geformte Kerzenhalter lege ich einfach künstliche Zwiebelblüten. Die Umwidmung ist einfach und schnell, das Ergebnis jedoch besonders attraktiv.

Die Zwiebelblüten sind durch ihre Ballform etwas Außergewöhnliches. Natürlich kann man die Dekoration mit anderen künstlichen Blüten und Trockenblumen abwandeln.

Flowers as a Long-Term Decoration for Candleholders

Flowers in candleholders don't have to be real. Artificial flowers are an excellent choice—and they last more or less forever.

I like to decorate two differently-shaped candleholders with artificial allium (flowering onion). The transformation is quick and easy, and the results are simply stunning.

The spherical shape of allium flowers adds a touch of the unexpected. Of course, you can freshen up the decoration by substituting different artificial flowers or dried flowers as the seasons change.

Federnleuchter

Die Idee, Kerzenständer auf eine etwas extravagante Art in schwarz-weiße Paradiesvögel zu verwandeln, hatte ich beim Dekorieren mit Federn.

Die Federn werden in einen halbrunden Steckschaum gesteckt. Den Federbusch befestige ich mit Doppelklebeband am Kerzenständer.

Federn sind ein vielseitiges und leicht zu verarbeitendes Dekomaterial. Angeboten werden sie in vielen Farben und Längen. Federschmuck eignet sich für jedes Freudenfest, vom Kindergeburtstag bis zu Faschingsfesten und Silvesterfeiern. Oder man peppt damit dauerhaft verschiedene Möbel und Wohnaccessoires auf. Federschmuck verwelkt nicht!

DAZU BRAUCHT MAN ✷ Kerzenhalter, halbrunde Steckschwämme, Doppelklebeband, Federn

MATERIALS ✷ Candleholder, circular pieces of floral foam, double-sided tape, feathers

Feather Candleholders

While decorating with feathers, I suddenly had the urge to transform some candleholders into extravagant black and white birds of paradise.

Insert the ends of the feathers into a semi-circular piece of floral foam. Then use double-stick tape to attach the plumes to the candleholder.

Feathers are versatile and easy to incorporate into your decorating projects. You can get them in many different colors and lengths. Feathers are a fun addition to any happy occasion, from a child's birthday party or a Mardi Gras celebration to a New Year's Eve get-together. Or use them to permanently spice up various pieces of furniture and home furnishings. Decorative feathers never wilt!

Gemüsekerzenständer

Bei dieser ländlichen Variante verfremden keine Blumen, sondern Obst und Gemüse den Kerzenständer. Der Clou: Karotten oder Rettiche ähneln Kerzen so sehr, dass man fast den Docht sucht. Genauso gut eignen sich Äpfel, Birnen oder anderes Obst. Der Stiel wirkt bei dieser Dekorationsidee wie ein Docht.

Für den Karottenleuchter nehme ich gerne einen mehrarmigen Leuchter. Mit anderem Obst und Gemüse sehen aber auch ganz einfache und kleine Kerzenständer gut und originell aus.

Vegetable Candleholder

For this country-mouse variation, we put fruits and vegetables in the candleholder instead of flowers. And best of all, carrots and radishes look so much like candles that you can't help but think, "Where's the wick?" Apples, pears or other fruit also work wonderfully. The stems on the fruit look like wicks as well.

I love filling a candelabra with carrots. For other fruits and vegetables, simple individual candleholders look charming and whimsical.

Laborkerzenständer

Meine antiken Laborständer waren ein Zufallsfund vom Trödel. Ich habe die Laborständer kurzerhand zu einem Dekorationsobjekt umfunktioniert. In die Aufnahmen, in denen früher Reagenzgläser mit chemischen Substanzen überm Busenbrenner blubberten, klemme ich dekorative Kerzen.

Sicher, nicht jeder hat alte Laborständer mit wunderbaren Gebrauchsspuren zu Hause, und wer sich auf Trödelmärkten oder im Internet danach auf die Suche macht, wird vielleicht nicht sofort fündig. Aber es gibt in jedem Haushalt Gegenstände, die man zu Kerzenleuchtern umfunktionieren kann. Ein altes Musikinstrument, eine Teekanne oder eine kleine Gießkanne aus Blech wirken als Dekoration noch origineller, wenn sie Kerzenschmuck tragen.

Test Tube Candleholders

My antique test tube holders were a lucky find at a flea market. Of course, I proceeded to turn my antiques into decorations. The rings that once held test tubes full of chemicals bubbling over a Bunsen burner now display decorative candles.

I know, I know: not everyone has old test tube holders with delightful wear marks at home, and if you troll your local flea market or the Internet looking for them, you may come up empty-handed. But every household harbors objects you can turn into candleholders. An old musical instrument, a teapot, or a little tin watering can makes an even better decoration when you dress it up with candles.

Obst und Gemüse
Fruit and Vegetable

Goldobst in Silberstroh

DAZU BRAUCHT MAN ✻ Stroh, Gold- und Silberspray, verschiedene Obstsorten, Teelichter in Gläsern

Im Märchen vom Rumpelstilzchen muss die arme Müllerstochter Stroh zu Gold spinnen. Bei dieser Dekoration, perfekt zu Weihnachten, wird das Stroh nur silbern. Dafür gelingt die Dekorationsidee ganz ohne Zauberei. Mit Silberspray.

Das goldene Obst auf dem Silberstroh ist nicht künstlich, hier helfe ich mit Goldspray nach. Durch den Lackfilm werden die verschiedenen Obstsorten lange haltbar. Das Hantieren mit Silber- und Goldspray erfolgt am besten im Freien. Strohballen und Obst müssen von allen Seiten besprüht werden. Daher muss das Stroh gewendet werden, das Obst hänge ich an einem Faden auf. Ist die Farbe trocken, geht es an den Aufbau der Tischdekoration. Beim Silberstroh ist es wichtig, alle abstehenden Halme mit einer Schere zu kürzen. Das sieht schöner aus und vermindert die Brandgefahr, sollte man Kerzen anzünden. Trotzdem sollte man auf jeden Fall einen Feuerlöscher greifbar in der Nähe haben und Kinder im Auge behalten.

Das Goldobst und die Teelichter mit schützendem Glasuntersatz verteilte ich nach Augenmaß auf dem Stroh. Wenn sich das Kerzenlicht an der silbernen und goldenen Farbe spiegelt, wird diese Dekoration in besonders schönes, warmes Licht getaucht.

Golden Fruit on Silver Straw

MATERIALS ✻ Straw, gold and silver spray paint, assorted fruit, tea lights in glass holders

In the fairy tale "Rumpelstilskin," the poor miller's daughter has to spin straw into gold. For this project, which makes a perfect Christmas decoration, we're only asking for silver. There's no magic required—just silver spray paint.

The golden fruit on the silver straw is not artificial fruit—I use gold spray paint. The paint layer keeps the fruit from spoiling for quite a while. It's best to do any and all spray painting outside. Be sure to paint the entire surface of the straw and fruit. This means you'll have to turn the straw over and hang the fruit from a thread. Once the paint is completely dry, it's time to assemble the table decoration. It's important to cut off any protruding ends off your silver straw with scissors. It looks nicer and reduces the risk of fire if you light any candles. Still, you should always have a fire extinguisher within arm's reach and watch children carefully.

I distribute the golden fruit and the tea lights (in glass holders) evenly across the straw. The candlelight reflecting off the silver and gold paint suffuses the whole decoration with a gorgeous warm glow.

Obststrauß

Was aussieht wie ein aufwändiges Kunstwerk, ist ganz einfach nachzu-machen. Auf einen kugelförmigen Steckschaum legt man Salatblätter, damit man eine natürliche Unterlage erhält. Mit Holzstäbchen spießt man dann verschiedene Obstsorten auf die Kugel.

Ananasstücke etwa kann man mit einer sternförmigen Plätzchenform ausstechen und mit einer Brombeere kombinieren – fertig ist eine Blume. Für meinen Obststrauß verwende ich außerdem Wassermelonen, Trauben, Erdbeeren und Johannisbeeren. Als Zwischengrün stecke ich Ananasblätter dazu.

Man kann viele andere Obstsorten oder auch Gemüse verwenden, um immer wieder neue Obststräuße zu binden. Das Beste ist: Diese Dekorationen sind bis auf den Untergrund essbar und eine vorzügliche Nachspeise!

DAZU BRAUCHT MAN ✻ Vase, runder Steckschwamm, Salatblätter, Holzstäbchen, Obst

Fruit Arrangement

This arrangement looks like an elaborate work of art, but you'll be amazed how quickly you can put this together. Take a ball-shaped piece of floral foam and cover it with lettuce leaves to create a natural-looking base. Next, take wooden skewers, spear pieces of fruit on them, and insert the skewers into the foam.

Use a star-shaped cookie cutter to cut out a pineapple piece and put a blackberry in the middle, and presto, you have a fruit flower! I also use watermelon, grapes, strawberries, and red currants in my arrangements. For additional greenery, I intersperse pineapple leaves.

You can try many other kinds of fruit or vegetables to create a different arrangement every time. The best part is, these decorations are edible, right down to the base, and they make a wonderful dessert!

MATERIALS ✻ Vase, ball-shaped floral foam, lettuce leaves, wooden skewers, fruit

Apfellichter

Höhlt man große und rotbackige Äpfel bis knapp an die Schale aus, erhält man perfekte Gefäße für Teelichter. Das durchscheinende Licht und das etwas gelbliche Innenlicht des Apfels ergeben ein wunderschönes und romantisches Farbenspiel.

Wichtig ist es aber, dass man das Apfelinnere intensiv mit Zitronensaft einreibt. Anderenfalls wird das Fruchtfleisch schnell bräunlich. Eingeriebene Äpfel halten sich auf jeden Fall einige Tage. Eine einfache, aber sehr stimmungsvolle Dekoration – für einen sommerlichen Grillabend genauso wie für die Adventszeit.

Apple Lights

Cut the tops off large red apples and hollow them out to just under the skin to create perfect tea light holders. The light shining through the fruit and the yellow tint imparted by the inside of the apple combine for a breathtakingly romantic effect.

However, make sure you rub the inside of the apple thoroughly with lemon juice; if you don't, the apple will quickly turn brown. The lemon juice will prevent this for at least a few days. It's a simple decoration that really adds atmosphere to anything from a summertime barbeque to a Christmas party.

Paprika-Karotten-Palme

Obst und Gemüse eignen sich hervorragend für figürliche Darstellungen. Gerade in Asien ist das eine hohe Kunst. Allerdings muss man bei den meisten Ideen viel handwerkliches Geschick mitbringen.

Die Paprika-Karotten-Palme geht sehr schnell und einfach: Karotte mit dem dünnen Ende nach oben in ein kleines Gefäß mit Steckschaum stellen, die untere Hälfte einer Paprika mit einer Schere im Zick-Zack-Muster beschneiden und mit einem Zahnstocher auf der Karotte befestigen – fertig!

Als Blattwerk wirkt die grüne Paprika am natürlichsten – und die grüne als verschmähter Teil des Dreiersets vertrocknet ohnehin gern im Kühlschrank. Noch schöner als eine Einzeldeko ist es aber, die Tafel mit einem kleinen Palmenwäldchen zu bepflanzen. Dann dürfen die Möhrenstämme gerne auch rote und gelbe Paprikahüte tragen.

DAZU BRAUCHT MAN ✱ kleines Topfgefäß, Steckschaum, Karotte, Paprika und Schere, Zahnstocher

Bell Pepper-Carrot Palm Trees

Fruit and vegetables are wonderful materials for creating fun and fanciful shapes. This has been elevated to a high art in Asia. However, most ideas require considerable skill and craftsmanship.

Thankfully, the bell pepper-carrot palm tree is quick and easy to make. Insert carrots into small containers with floral foam with the skinny end up. Cut the bottom half of a green bell pepper into a zigzag shape with a pair of scissors and attach the pepper to the carrot with a toothpick—that's it!

Green bell pepper makes the most natural-looking palm leaves—and as the least desirable color of bell pepper, it often ends up shriveled and forgotten in the fridge anyway. But even nicer than a single palm is a whole forest of little palmlets on your table, in which case some of the carrots would look adorable with yellow or red tops.

MATERIALS ✱ Small container, floral foam, carrots, bell pepper, scissors, toothpicks

Als Vase für Blumengestecke kann auch eine Suppenschüssel oder ein anderes Gefäß aus dem Essgeschirr dienen. Ganz traditionell steckt man dann die Blumen auf einen Steckschaum.

You can also use something from the kitchen, such as a soup tureen or gravy boat, as a vase for flower arrangements. Insert the stems into floral foam in the traditional fashion.

Anstatt des Steckschwammes verwende ich hier einen Friséesalat – heraus kommt eine originelle Variante des traditionellen Blumengestecks.

Instead of floral foam, I use frisée lettuce for a charming variation on the traditional flower arrangement.

Danksagung

Herzlichen Dank allen, die mitgeholfen haben dieses Buch Wirklichkeit werden zu lassen.

Ausdrücklich bedanken möchte ich mich aber bei:

Jochen Arndt, dessen Fotos meine Dekorationen zu optischen Highlights für dieses Buch gemacht haben, Silke Braun für das stimmungsvolle Layout, Hans Pöllmann, der meinen Texten den perfekten Schliff gegeben hat, Tim Struwe für die zeitgerechte Herstellung, Bettina Schlösser für die immer freundliche redaktionelle Koordination, Gabriele Berlin für die Unterstützung bei der Fehlersuche, meinen „Schlossgeistern", die mir jederzeit mit Rat und Tat zur Seite gestanden sind, Sophie, Gigga, Charly, Amelie, Milana und Alex für ihre Mithilfe und Geduld, und natürlich in erster Linie meinem Verleger Hendrik teNeues. Danke für die liebevolle Hilfe und Unterstützung!

Acknowledgements

My warmest thanks to everyone who helped make this book a reality.

And there are a few people I'd like to thank specifically:

Jochen Arndt, whose photos turned my crafts and projects into stunning visual highlights for this book, Silke Braun for the beautiful and evocative layout, Hans Pöllmann, who polished my text and really made it shine, Tim Struwe for the on-time production, Bettina Schlösser for her cheerful and helpful editorial coordination, Gabriele Berlin for her support searching for errors, my "castle crew," who was always ready and willing to help, Sophie, Gigga, Charly, Amelie, Milana and Alex for their patience and helping hands, and of course, most of all I'd like to thank my publisher, Hendrik teNeues. Thank you for your caring assistance and support!

Jochen Arndt

Jochen Arndt wurde 1972 im Westerwald geboren und wollte noch bis kurz vor dem Abitur unbedingt Musik studieren, entschied sich aber dann doch kurzfristig für eine visuelle Laufbahn. 1992–1995 absolvierte er eine Fotografenausbildung im Fotostudio Gast in Koblenz und gewann den PSL-Nachwuchsförderpreis. Auf diese wichtige Auszeichnung folgten seine ersten Aufträgen aus der Werbe- und Musikbranche welche ihn unter anderem nach New York führten. Seit 2003 lebt der Fotograf in Berlin und arbeitet auf internationaler Ebene für zahlreiche redaktionelle und kommerzielle Kunden.

Jochen Arndt was born in Westerwald, Germany in 1972. He was set on studying music until just before college, when he suddenly veered into the visual arts instead. He trained as a photographer from 1992 to 1995 at Fotostudio Gast in Koblenz, Germany and won the prestigious PSL Young Photographer's Prize, which paved the way for his first assignments in the advertising and music industries and led him to New York. He settled in Berlin in 2003 and now works as an internationally acclaimed photographer for publishers and commercial clients.

Stephanie von Pfuel

Stephanie Gräfin Bruges von Pfuel wurde 1961 in München geboren. 1968 zog die Familie auf Schloss Tüßling in die Nähe von Altötting (Oberbayern). Nach dem Studium an der Universität für Bodenkultur in Wien arbeitete die diplomierte Forstingenieurin zunächst als Angestellte im land- und forstwirtschaftlichen Betrieb ihres Vaters, Karl Freiherr Michel von Tüßling.

1991 erbte sie nach dem Tod ihres Vaters den gesamten Familienbesitz, zu dem neben Wald auch ein baufälliges Schloss aus dem 16. Jahrhundert gehörte. 1992 begann Stephanie Gräfin Bruges von Pfuel mit den umfangreichen Renovierungs- und Sanierungsarbeiten, die bis heute andauern. Das vierflügelige Schloss mit 90 Zimmern, vier trutzigen Ecktürmen und einem von Arkaden gesäumten Innenhof zählt inzwischen zu den schönsten und am besten erhaltenen Renaissanceschlössern Bayerns.

Der 350 qm große Barocksaal und andere Räumlichkeiten werden ebenso wie der Schlosspark seit einigen Jahren für Feste und Events vermietet, um zumindest einen Teil der laufenden Renovierungskosten zu finanzieren. Seit 2003 finden im Schlosspark jährlich die Tüßlinger Gartentage statt, seit 2005 der Romantische Weihnachtsmarkt Schloss Tüßling. Doch nicht nur geschäftlich, auch privat ist die Schlossherrin gerne und mit viel Hingabe Gastgeberin, ob im edlen Ambiente des Gartensaals oder im maurischen Zimmer ihres Schlosses. Ihre fröhlichen, fantasievollen und dennoch bodenständigen Tischdekorationen sind weithin bekannt.

Stephanie Gräfin Bruges von Pfuel ist so vielseitig wie ihr wunderschönes Schloss, das sie mit ihren sechs Kindern bewohnt. Die erfolgreiche Unternehmerin und Mutter ist Mitglied des Marktgemeinderats Tüßling, Ehrenrichterin am Sozialgericht München sowie Mitglied des Ausschusses des bayerischen Waldbesitzerverbandes und des Beirats des bayerischen Grundbesitzerverbandes. Darüber hinaus engagiert sie sich für SOS Kinderdörfer, ist deren Botschafterin und Trägerin des Bundesverdienstkreuzes am Bande.

Countess Stephanie Bruges von Pfuel was born in Munich in 1961. In 1968 she moved with her family to the castle in Tüßling near Altötting (Upper Bavaria). Following a degree at the University of Natural Resources and Applied Life Sciences in Vienna, the graduated forester started to work in the agriculture and forestry business of her father, Karl Freiherr Michel von Tüßling.

Following her father's death in 1991, she inherited the entire family estate including 2,700 acres of forest and the dilapidated château dating back to the 16th century. Countess Stephanie Bruges von Pfuel started with renovations and clean up operations the following year. They continue to this day. The chateau with its four wings, 90 rooms, four bold angle towers and an inner ward with arcades is one of the most beautiful and best preserved renaissance chateaux in Bavaria.

For a number of years now one can rent rooms, including the 3,800-square-feet Baroque ballroom, and the castle's parks for festivities and events to help finance the running restoration costs. The park has been hosting the Tüßling Gardening Days fair since 2003, soon to be complemented by the Schloss Tüßling Romantic Christmas Market. The lady of the château is a dedicated hostess—not only in business—be it in the lordly ambiance of her château's garden hall or the Moorish room. Her cheerful, imaginative and yet down-to-earth tabletop decorations are widely known.

Countess Stephanie Bruges von Pfuel is as versatile as her wonderful château, which she inhabits together with her six children. The successful business woman and mother is a local councilor, lay judge at the social court in Munich, as well as member of the Bavarian Forest Owners Committee and adviser to the Bavarian Landholders Association. She is furthermore active in the SOS Children's Villages charity, for whom she acts as both ambassador and representative.

IMPRINT

© 2011 teNeues Verlag GmbH + Co. KG, Kempen
Photographs © 2011 Jochen Arndt. All rights reserved.

Texts by Stephanie von Pfuel
Translations by Amanda Ennis
Design by Silke Braun
Editorial coordination by Bettina Schlösser
Production by Tim Struwe
Text editing by Hans Pöllmann, Sonja Wild
Color separation by Laudert GmbH & Co. KG, Vreden

Published by teNeues Publishing Group

teNeues Verlag GmbH + Co. KG
Am Selder 37, 47906 Kempen, Germany
Phone: 0049-2152-916-0
Fax: 0049-2152-916-111
e-mail: books@teneues.de

Press department: Andrea Rehn
Phone: 0049-2152-916-202
e-mail: arehn@teneues.de

teNeues Publishing Company
7 West 18th Street, New York, NY 10011, USA
Phone: 001-212-627-9090
Fax: 001-212-627-9511

teNeues Publishing UK Ltd.
21 Marlowe Court, Lymer Avenue, London SE19 1LP, Great Britain
Phone: 0044-208-670-7522
Fax: 0044-208-670-7523

teNeues France S.A.R.L.
39, rue des Billets, 18250 Henrichemont, France
Phone: 0033-2-4826-9348
Fax: 0033-1-7072-3482

www.teneues.com

ISBN 978-3-8327-9460-6

Printed in Italy

Bibliographic information published by the Deutsche Nationalbibliothek.
The Deutsche Nationalbibliothek lists this publication in the Deutsche Nationalbibliografie;
detailed bibliographic data are available in the Internet at http://dnb.d-nb.de.

teNeues Publishing Group
Kempen
Berlin
Cologne
Düsseldorf
Hamburg
London
Munich
New York
Paris

teNeues